RAPPORT

PRÉSENTÉ

AU CONSEIL DE L'ORDRE DES AVOCATS

AU CONSEIL D'ÉTAT

ET A LA COUR DE CASSATION

RAPPORT

*présenté au Conseil de l'Ordre des Avocats au Conseil d'Etat
et à la Cour de cassation sur la prétention de l'Administration de l'Enregistrement tendant à soumettre les décisions
des Tribunaux algériens ou coloniaux, lorsqu'elles sont
déférées à la Cour de Cassation, aux mêmes droits que si
elles avaient été rendues en France.*

Messieurs,

Par une lettre du 19 août dernier, M. le Garde des Sceaux a
communiqué à M. le Premier Président de la Cour de Cassation
un mémoire de M. le Ministre des Finances sur cette question de
l'enregistrement des décisions judiciaires rendues en Algérie et
aux colonies, et déférées à la Cour de Cassation.

M. le Premier Président a, suivant le désir exprimé par la
lettre de M. le Ministre de la Justice, donné connaissance du mémoire de M. le Ministre des Finances au Président de notre Ordre
en lui demandant de lui faire parvenir les observations auxquelles
ce document pourrait donner lieu.

Ce sont ces observations que je suis chargé de vous présenter
et que j'ai l'honneur de soumettre à l'approbation du Conseil de
l'Ordre.

Vous connaissez déjà, Messieurs, la genèse de cette question
soulevée tout récemment par l'Administration de l'Enregistrement.
Il y a quelques mois, un jugement du Tribunal de Tunis non enregistré, l'enregistrement n'ayant pas été établi en Tunisie, fut

attaqué devant la Cour d'Appel d'Alger. La Régie éleva la prétention de le soumettre aux droits d'enregistrement spéciaux à l'Algérie,
c'est-à-dire plus réduits que ceux de la métropole. Cette prétention fut combattue par les intéressés, qui se fondèrent notamment sur ce fait que les jugements, rendus par le tribunal de Tunis
et déférés à la Cour de Cassation, n'étaient pas soumis à la formalité de l'enregistrement, pas plus, d'ailleurs, que les décisions
judiciaires rendues, soit en Algérie, soit aux colonies. L'inspection
des Finances fut chargée de faire des recherches à cet égard et
découvrit, ce que l'Administration paraissait ignorer, qu'aucun
droit d'enregistrement complémentaire n'était jamais perçu sur les
décisions des tribunaux algériens ou coloniaux lorsqu'elles étaient
attaquées devant la Cour de Cassation.

La Direction générale de l'Enregistrement, saisie de la question,
s'est préoccupée du point de savoir si on devait persister dans les
anciens errements ou s'il n'y aurait pas lieu, au contraire, d'as-
sujettir les décisions dont il s'agit, lorsqu'elles sont déférées à la
Cour de Cassation, aux mêmes droits que si elles avaient été rendues en France. C'est cette dernière solution qui a été adoptée par
les motifs développés dans le mémoire de M. le Ministre des Finances à la suite duquel une décision a été prise pour percevoir les
droits sur les décisions rendues par les tribunaux d'Algérie et des
colonies.

Le texte invoqué par l'Administration est l'art. 58 de la loi du
28 avril 1816, qui est ainsi conçu : « Il ne pourra être fait usage en
« justice d'aucun acte passé en pays étranger ou dans les colonies
« qu'il n'ait acquitté les mêmes droits que s'il avait été souscrit en
« France et pour des biens situés dans le royaume ; il en sera de
« même pour les mentions desdits actes dans des actes publics. »

Cette disposition légale n'est certes pas de fraîche date, et cependant elle n'avait jamais été, depuis près de quatre-vingts ans, appliquée aux décisions des tribunaux algériens ou coloniaux déférés
à la Cour de Cassation. On peut donc s'étonner à bon droit de
l'application imprévue résultant d'une interprétation toute nouvelle que la Régie veut faire de ce texte déjà ancien.

Quoi qu'il en soit, il faut examiner les motifs invoqués par l'Administration à l'appui de ses prétentions. Ces motifs doivent être discutés en droit, comme l'a fait le mémoire de M. le Ministre des Finances ; il y aura lieu, de plus, d'envisager les conséquences qui résulteront, pour la bonne administration de la justice, de la nouvelle mesure fiscale.

Nous allons nous placer successivement à ces deux points de vue.

I.

Pour suivre l'argumentation contenue dans le mémoire de M. le Ministre des Finances, il convient de se demander: 1° si les décisions rendues par les tribunaux algériens ou coloniaux doivent être comprises parmi les *actes* dont parle l'art. 58 de la loi du 28 Avril 1816 ; 2° si, en admettant que les décisions judiciaires soient des *actes*, c'est en faire usage *en France* que de les déférer à la Cour de Cassation ; 3° si, enfin, les parties en font usage *en justice* lorsqu'elles les frappent d'un pourvoi en cassation.

1° L'Administration soutient que les décisions judiciaires sont des *actes* au point de vue de l'assujettissement aux droits d'enregistrement.

Les art. 7, 20, 35 et 47 de la loi de Frimaire an VII mentionnent aussi les jugements parmi les actes judiciaires qui sont soumis à l'enregistrement. L'arrêt rendu par la Chambre civile le 3 août 1813 (Dalloz, Rép. alph. v° Enregistrement, n° 4970) et cité dans le mémoire ministériel n'a fait qu'appliquer les articles précités de la loi de Frimaire aux sentences arbitrales dont le dépôt est fait au greffe pour obtenir l'ordonnance d'exéquatur. Cette ordonnance, comme l'a déclaré la Cour de Cassation, ne peut pas être apposée sur une pièce non enregistrée. Il est donc nécessaire que les sentences arbitrales, qui sont des actes sous signatures privées, et n'ont force exécutoire qu'en vertu de l'ordonnance du Président du tribunal rendue après le dépôt des sentences au greffe (art. 1020 C. proc. civ.) soient soumises à la formalité de l'enregistrement par application des art. 42 et 47 de la loi de Frimaire an VII.

Le mémoire de M. le Ministre des Finances cite un autre arrêt du 14 avril 1834 (Dalloz, Rép. alph. eod. v°, n° 4277), qui a simplement posé le principe que le droit de condamnation est exigible, sans distinguer entre le jugement qui a pour objet de condamner directement et celui qui rend exécutoire en France une condamnation prononcée à l'étranger. Cette décision de la Chambre civile a été appuyée sur les différentes dispositions de la loi du 22 Frimaire an VII, qui assimilent les jugements aux actes judiciaires ou extra-judiciaires, quand il s'agit de la perception des droits d'enregistrement. Mais il ne faut pas perdre de vue qu'il s'agissait dans cette espèce d'une demande d'exequatur d'un jugement étranger.

L'arrêt de 1834 se justifie par cette considération que les décisions rendues par les tribunaux français étant soumises à l'enregistrement, il n'y a aucun motif d'exempter de cette formalité les jugements rendus à l'étranger dont l'exécution ne peut être obtenue en France qu'en vertu d'un jugement d'exéquatur. Le jugement étranger rendu ainsi exécutoire en France est soumis à l'enregistrement parce qu'il est revêtu de la même force que s'il émanait d'un tribunal français. Aussi il est de règle que le droit proportionnel n'est perçu que sur le jugement rendu à l'étranger ; le jugement du tribunal français qui a prononcé l'exéquatur en est affranchi en vertu du principe *non bis in idem*.

Enfin, l'Admininistration a invoqué un arrêt de rejet rendu par la Chambre civile dans une affaire de la Cⁱᵉ des Mines de Liévin contre l'Enregistrement (D. P. 75, 1, 113), arrêt qui a décidé que l'art. 9 de la loi du 22 Frimaire an VII, relatif aux actes translatifs de propriété comprenant des meubles et des immeubles sans stipulation d'un prix particulier pour les objets mobiliers, s'applique aux contrats judiciaires comme aux contrats amiables. Ce n'est là qu'une interprétation de l'art. 9, dont les termes généraux peuvent s'appliquer à tous les contrats.

Mais ces décisions n'ont pas déterminé le sens qu'il faut donner

au mot *acte* employé par l'art. 58 de la loi du 28 avril 1816 et n'ont
pas déclaré que c'est un nom générique sous lequel elle a désigné
même les jugements rendus par les tribunaux coloniaux et dont il
est fait ensuite usage dans la métropole. Nous croyons qu'il ne
faut pas se référer indistinctement à toutes les dispositions de la loi
du 22 Frimaire an VII pour interpréter l'art. 58 de la loi de 1816,
mais seulement aux art. 22 et 23 qui sont relatifs aux actes passés
soit aux colonies, soit en pays étranger. Les art. 22 et 23 de la
loi du 22 Frimaire an VII avaient déjà posé le principe que pour les
actes sous signatures privées passés soit aux colonies, soit à
l'étranger, il ne pourrait en être fait usage en justice que s'ils
étaient préalablement enregistrés. Mais ces textes ne tranchaient
pas la question de savoir quels étaient, en cas d'usage en justice
en France, les droits à percevoir sur les actes passés à l'étranger
ou dans les colonies.

L'art. 58 de la loi de 1816 a résolu la question dans le sens
de l'assujettissement de ces actes aux droits de la métropole, mais
dans cette disposition ont été insérés des termes qui sont exclu-
sifs de l'intention qu'auraient eu ses auteurs de l'appliquer aux
décisions judiciaires. En effet, on ne peut assimiler un jugement
à un acte *passé* dans les colonies, encore moins à un acte *souscrit*
hors du territoire de la métropole. Ces expressions ne peuvent
s'appliquer qu'à des conventions synallagmatiques ou à des obli-
gations unilatérales passées ou souscrites dans les colonies, mais
non pas à des décisions judiciaires.

Nous croyons qu'elles manifestent très clairement la pensée
des auteurs de la loi du 28 avril 1816, qui n'ont voulu assu-
jettir à la formalité de l'enregistrement que les actes volontaires
consentis à l'étranger ou dans les colonies et invoqués ensuite
devant les tribunaux de la métropole pour en obtenir l'exécution
forcée.

Par conséquent, le mémoire ministériel paraît donner une
interprétation inexacte du mot *acte* employé par l'art. 58 de la loi
du 28 avril 1816, en comprenant sous cette dénomination même
les décisions judiciaires rendues dans les colonies. Les expres-

sions *actes passés* et *actes souscrits* s'opposent au sens extensif
que l'Administration voudrait faire prévaloir.

*2° Que doit-on entendre par ces mots faire usage d'un acte
passé aux colonies ?*

Il est nécessaire, bien entendu, que l'usage de l'acte soit fait
sur le territoire de la métropole pour qu'il donne lieu à la perception des mêmes droits d'enregistrement que si l'acte avait été souscrit en France.

En supposant qu'un jugement rendu par un tribunal colonial soit un *acte* dans le sens donné à ce terme par l'art. 58 de la
loi du 28 avril 1816, est-ce en faire usage en France que le produire
à l'appui d'un pourvoi en cassation ? Nous ne le croyons pas, car
la Cour de Cassation n'a pas de juridiction localisée. Elle con-
naît aussi bien des décisions rendues par les tribunaux coloniaux
que de celles émanées des juges métropolitains ; elle est la Cour de
Cassation des colonies comme elle est la Cour de Cassation de la
métropole, et toutes les décisions qui lui sont déférées sont françaises, puisqu'elles sont l'œuvre de magistrats français, qu'ils
résident soit en Europe, soit au-delà des mers. Le fait qu'elle a
son siège en France ne lui imprime pas le caractère d'une juridiction exclusivement métropolitaine. Elle est en même temps coloniale.

Notre organisation judiciaire ne comporte que l'existence
d'une Cour de Cassation unique, mais on concevrait parfaitement
qu'on eût créé, en 1791, des Cours de cassation particulières pour
chacune de nos colonies. La question de cette création de Cours
de cassation coloniales a même été soulevée.

Voici ce que dit M. le conseiller Crépon, dans son savant traité
sur le pourvoi en cassation en matière civile (t. 1, n° 576) : « Après
« 1789, alors que s'élaboraient les grandes lois d'organisation
« judiciaire, on eut, à diverses reprises, la pensée d'établir un
« tribunal spécial de cassation pour les colonies et particulière-
« ment pour nos établissements de l'Inde, tribunal qui n'au-
« rait point eu son siège à la métropole, mais bien dans les

« colonies elles-mêmes, et comme chaque colonie, outre sa situation
« topographique qui ne permettait pas de soumettre les décisions
« de ses tribunaux à la juridiction d'une autre colonie, avait de
« plus son régime spécial, on eût été conduit a instituer autant de
« tribunaux de cassation qu'il y avait de colonies différentes. »

Les propositions qui furent faites en ce sens en 1791, et
renouvelées le 27 thermidor an III par plusieurs députés des colonies, se justifiaient par l'opportunité d'établir un tribunal de cassation rapproché des justiciables résidant aux colonies et de leur
assurer une justice plus prompte et moins coûteuse que celle
devant résulter des arrêts d'une Cour siégeant dans la métropole.
Mais ces considérations furent écartées, après un très long et très
vif débat, par les législateurs de 1791 et 1792, qui voulaient, avant
tout, établir l'unité dans la législation et la jurisprudence.

Cette pensée de créer des Cours de cassation particulières dans
les colonies, pensée qui n'a été mise de côté qu'après de grandes
hésitations, prouve que dans l'esprit du législateur la Cour de
Cassation unique, qui a son siège dans la métropole, est la juridiction suprême à la fois de la France et des colonies. Elle rend
ses décisions à Paris, mais elle prononce sur les jugements rendus
par les tribunaux de l'Algérie et des colonies, comme si elle était éta-
blie dans ces pays ; la preuve en est qu'elle applique souvent des lois
spéciales au statut personnel des indigènes des colonies et qu'elle
casse des arrêts pour violation de ces lois particulières.

En fait, elle siège en France ; en droit, elle juge comme Cour
de Cassation algérienne et coloniale. Si on veut, avec le mémoire
ministériel, lui reconnaître le caractère d'un tribunal, il faut admettre qu'elle est tantôt tribunal métropolitain quand elle statue sur
des décisions rendues en France, et tantôt tribunal colonial, quand
elle prononce sur les sentences émanées des juges coloniaux.

Par conséquent, nous sommes autorisés à conclure qu'il est
inexact de dire qu'on fait usage *en France* d'une décision rendue
par un tribunal d'Algérie ou d'une colonie, lorsqu'on défère cette
décision à la Cour de Cassation.

3° Allons plus loin et examinons *si on fait usage, en justice,* d'une décision judiciaire en l'attaquant devant la Cour de Cassation. L'usage en justice est la condition exigée rigoureusement par l'art. 58 de la loi du 28 avril 1816 pour soumettre l'acte passé dans les colonies aux mêmes droits que s'il était souscrit en France.

Qu'entend-on par usage ou par production d'un acte en justice en vue de l'application des lois sur l'enregistrement? Voici la définition donnée par les auteurs du « Dictionnaire de l'enregistrement » (v° Acte produit en cours d'instance, n° 34) : « Il y a « production en justice toutes les fois que l'une des parties a « mis sous les yeux soit des magistrats, soit des experts ou des « arbitres le titre non enregistré *qui sert de base à sa demande.* « Nous pensons même que, pour qu'il y ait lieu d'appliquer l'art. « 57 de la loi de 1816 (sur l'exigibilité du double droit en cas de « non enregistrement de l'acte dans le délai légal), il n'est pas né- « cessaire que le titre lui-même ait été remis aux juges ou aux « personnes auxquelles ils ont délégué quelques-unes de leurs « attributions; il suffit que dans les différentes pièces de la procé- « dure les parties aient invoqué ces titres à l'appui de leurs « moyens, soit en désignant expressément les actes par leurs dates « et les autres indications, soit en rappelant leur contexte, de « manière à ne laisser aucun doute sur l'existence du titre et sur « l'usage qu'elles en font en justice. »

De son côté, M. Naquet, dans son « Traité des droits d'enregistrement » (t. III, n° 1171), enseigne : « Produire un acte, c'est « dans le langage ordinaire des hommes d'affaires, se servir de cet « acte, l'employer dans un procès à l'appui des prétentions que « l'on élève; ce n'est pas nécessairement le livrer, le communi- « quer matériellement. »

« Le plaideur, dit encore M. Garnier. (Rép. de l'Enreg., « 7° édit, v° Acte produit en justice, n° 10), fait usage d'un acte « devant la justice lorsqu'il l'invoque à l'appui de sa demande ou « de sa défense, lorsqu'il requiert le juge de sanctionner ou d'in- « terpréter la convention qui y est contenue » (voir aussi les arrêts de la Cour de Cassation cités par M. Garnier, eod. loc.).

Il résulte de ces définitions que l'usage ou la production d'un acte en justice, dans le sens de l'application des lois qui prescrivent l'enregistrement de cet acte, consiste dans le fait d'invoquer l'acte devant le tribunal à l'appui des prétentions qu'on élève; de s'en servir comme d'un titre, d'en faire, en un mot, le fondement de la demande introduite en justice. C'est ainsi qu'on peut user d'un acte sans le produire matériellement, que l'usage peut résulter d'une simple invocation de l'acte, sans qu'il y ait communication ou remise effective de la pièce.

Ce n'est pas là le caractère de l'usage qui est fait d'une décision judiciaire lorsqu'elle est déférée à la Cour de Cassation. Le demandeur, qui la produit à l'appui de son pourvoi, ne l'invoque pas comme un titre à l'appui de ses prétentions, ne demande pas à la Cour suprême d'en assurer l'exécution, ne requiert même pas d'elle de sanctionner ou d'interpréter la décision attaquée. Ces demandes qui touchent au fond du procès échappent à la compétence de la Cour de Cassation, qui n'est pas un troisième degré de juridiction (avis du Conseil d'Etat en date du 18 janvier 1806). Elle ne peut être saisie que d'une seule question, celle de savoir si la décision judiciaire qui lui est déférée a violé un texte de loi. Cette violation est la base du pourvoi en cassation et le fondement des arrêts de la Cour suprême, qui ne prononce jamais que sur la régularité des décisions judiciaires qui lui sont soumises. Elle ne juge jamais le fond des procès, et le renvoie, lorsqu'elle casse, au jugement d'un autre tribunal ou d'une autre Cour d'appel.

C'est pourquoi le pourvoi en cassation est considéré comme une voie de recours extraordinaire, qui est, sans doute, la sanction finale de toutes les procédures métropolitaines ou coloniales, mais qui est en dehors de ces procédures et qui, à ce titre, a toujours été soumise à des règles particulières. Le mémoire ministériel rappelle que le règlement du 23 juin 1738, titre IV, art. 4, prescrit de joindre à la requête en pourvoi la copie signifiée ou une expédition en forme de la décision attaquée, sinon la requête ne pourra être reçue. Conformément à cette prescription, la Cour de Cassation frappe invariablement de déchéance tout pourvoi pour lequel l'une ou l'autre de ces pièces n'a pas été déposée avant l'expiration du délai pour se pourvoir, ou a été remplacée par une simple copie.

D'où l'Administration tire cette conclusion « qu'il s'agit là « d'une pièce qui sert de base à l'arrêt de la Cour de Cassation, et « que les relations directes qui existent ainsi entre la décision « attaquée et l'arrêt permettent de considérer la Cour suprême « comme statuant sur la décision qui lui est déférée, et comme en « faisant usage dans le sens des art. 47 de la loi du 22 Frimaire « an VII et 58 de la loi du 28 avril 1816. »

Il faut observer d'abord qu'il ne s'agit pas de savoir si la Cour de Cassation fait usage de la décision attaquée dans le sens de l'art. 47 de la loi du 22 Frimaire an VII. La question à examiner est relative à l'usage en justice dans le sens de l'art. 58 de la loi de 1816.

Ensuite la production de la décision attaquée devant la Cour de Cassation n'a qu'un but, qui est de permettre à la Cour et, en particulier, au magistrat chargé du rapport, de faire sur ce document toutes les vérifications utiles (M. Crépon, op. cit., t. Ier, n° 134). C'est une production qui constitue une remise matérielle, et nous avons remarqué que d'après les définitions données par les auteurs que l'usage en justice ne résulte pas de la communication matérielle de l'acte, mais du fait que l'acte sert de titre à la demande et est invoqué par le plaideur à l'appui de ses prétentions.

Il faut ajouter que cette production de la décision attaquée n'est pas volontaire, comme l'est toujours la production du titre qui sert de base à une action judiciaire. Elle est rendue obligatoire par le règlement de 1738, ce qui lui enlève le caractère d'un acte invoqué en justice.

Enfin c'est abuser singulièrement des mots, « faire usage d'un acte en justice » que les appliquer à la production d'une décision judiciaire dont on demande à la Cour de Cassation de prononcer la nullité. Non seulement on ne s'en sert pas pour appuyer des prétentions, mais on l'attaque pour la faire disparaître en se fondant uniquement sur une violation de la loi. La fonction de la Cour de

Cassation est de déclarer que la violation relevée par le pourvoi existe ou n'a pas été commise, et si elle la constate, elle en tire la conséquence que la décision attaquée est nulle, sans connaître du fonds du litige.

C'est ce caractère particulier des arrêts de la Cour suprême qui les distingue essentiellement des décisions rendues par les autres Cours ou tribunaux sur l'appel des jugements rendus par les juridictions inférieures. Lorsque la Cour de Cassation, par un arrêt du 29 Germinal an VI (Sirey, Coll. nouv., t. I, I, 93), cité dans le mémoire ministériel, a décidé qu'on fait usage d'un acte volontaire en poursuivant en justice l'annulation de cet acte, et qu'en conséquence il devait être enregistré en vertu des art. 11 et 23 de la loi du 19 décembre 1790, sous l'empire de laquelle on se trouvait alors, la Cour, disons-nous, a considéré que l'acte dont il s'agit avait servi de base à la demande en nullité et qu'en conséquence il était invoqué à l'appui d'une prétention produite en justice, à savoir que l'acte était nul. La partie qui l'invoquait demandait aux juges d'en prononcer la nullité non seulement en la forme, mais au fond.

Au contraire, le demandeur en cassation ne produit pas la décision attaquée pour en faire un usage quelconque devant la Cour de Cassation, mais seulement pour saisir celle-ci de la question de savoir si cette décision judiciaire ne contient pas une contravention à la loi, qui doive en faire prononcer l'annulation, moins dans un intérêt privé que dans l'intérêt public, comme le dit M. le conseiller Crépon (Op. cit., t. II, n° 1713).

On peut même soutenir, avec grande apparence de raison, que les décisions rendues par les tribunaux d'Algérie et des colonies ne doivent pas être soumises à un nouvel enregistrement en France lorsqu'elles sont déférées à la Cour de Cassation, attendu qu'elles sont déjà enregistrées conformément à la législation fiscale en vigueur dans les pays où elles sont rendues. Les lois sur l'enregistrement des actes aux colonies sont des lois françaises qui doivent être respectées dans la métropole, lorsqu'elles sont invoquées à l'occasion des actes qui tombent sous leur application et qui ont été dressés en conformité de leurs dispositions.

Rien n'indique que le législateur ait entendu substituer les dispositions des lois fiscales de la métropole à celles des lois coloniales, et considérer comme non enregistré en France un acte dont il est fait usage en justice après enregistrement ou exemption de droits dans une colonie.

M. le Ministre des Finances a opposé un arrêt rendu par la Chambre criminelle le 6 novembre 1874 (Bull. criminel, p. 512). Cet arrêt a décidé, à l'occasion d'un pourvoi contre une décision de la Cour de la Guadeloupe, que l'amende consignée dans la colonie (150 fr.) doit être augmentée des décimes exigibles en France (37 fr. 50) depuis les lois des 23 août 1871 et 30 décembre 1873. Mais on peut répondre que cet arrêt, tout en consacrant une solution exacte, n'aurait pas dû s'appuyer sur l'article 58 de la loi de 1816. Cette disposition, en effet, n'est applicable qu'à l'enregistrement des actes passés aux colonies et la consignation de l'amende, qui doit précéder le pourvoi pour que celui-ci soit recevable, n'est pas assimilable à un droit d'enregistrement.

L'amende consignée par le demandeur en cassation est la peine éventuelle du plaideur téméraire et elle doit, à raison de son caractère pénal, être égale pour tous les plaideurs, soit qu'ils se pourvoient aux colonies, soit qu'ils attaquent une décision judiciaire rendue en France.

Nous croyons que l'arrêt du 6 novembre 1874 s'est inspiré de ce principe qui suffit à le justifier, sans qu'il puisse être considéré comme ayant fait une application de l'art. 58 de la loi du 28 avril 1816 à un pourvoi introduit devant la Cour de Cassation contre une décision rendue par un tribunal colonial.

II.

C'est surtout par les conséquences juridiques qu'elle entraîne nécessairement, que la thèse de l'Administration de l'Enregistrement nous semble devoir être écartée.

La première de ces conséquences est en opposition absolue avec la jurisprudence de la Cour de Cassation, qui décide qu'en vertu de l'art. 37 de la loi de Frimaire an VII, modifié par l'art. 38 de la loi du 28 avril 1816, le recouvrement des droits des jugements rendus à l'audience, lorsqu'ils n'ont pas été consignés aux mains du greffier, ne peut être poursuivi par la Régie que contre la partie au profit de laquelle le jugement est intervenu. C'est en ce sens qu'après des variations de jurisprudence sur lesquelles il est inutile d'insister, ont été rendus les derniers arrêts de la Cour de Cassation sur cette question qui a été longtemps controversée. A plusieurs reprises, la Cour a décidé que le paiement des droits d'enregistrement des jugements ne peut être poursuivi que contre celle des parties à laquelle profitent les condamnations prononcées par les jugements, et que l'Administration n'a pas d'action contre les autres parties et notamment contre la partie condamnée.

« Attendu, dit le dernier arrêt rendu le 3 février 1879 par la
« Chambre civile (D. P. 1879, 1, 393), que d'après l'art. 29 de la
« loi du 22 Frimaire an VII, les droits dus pour les jugements
« rendus à l'audience, qui doivent être enregistrés sur les minutes,
« sont acquittés par des greffiers ; que, toutefois, d'après l'art. 37,
« les greffiers sont affranchis de cette charge lorsque les parties
« n'auront pas consigné entre leurs mains le montant des droits
« fixés par la loi, et que, dans ce cas, le recouvrement en est pour-
« suivi par les receveurs contre les parties, qui supportent, en
« outre, la peine du droit en sus ; — attendu qu'il suit de cette dis-.
« position que si le receveur est conditionnellement autorisé à
« poursuivre les parties aux lieu et place du greffier, cela doit
« s'entendre uniquement des parties obligées à consigner entre les
« mains du greffier les sommes nécessaires à l'enregistrement du
« jugement ; — attendu que, conformément à l'un des principes
« posés dans l'art. 31 de la même loi, cette obligation ne saurait
« peser que sur celle des parties à qui profitent les dispositions du
« jugement et qui, seule, a intérêt à en poursuivre l'exécution ; —
« qu'à la vérité, quand il s'agit d'actes volontaires, la Régie a indis-
« tinctement action contre tous ceux qui y ont figuré, mais que ce

« droit s'explique précisément par le caractère volontaire qu'affecte
« alors, de la part de toutes les parties, leur concours aux actes
« dont il s'agit ; — qu'elles sont ainsi réputées s'être soumises à
« l'acquittement des droits fiscaux auxquels l'acte par eux volon-
« tairement conclu doit donner ouverture ; — qu'au contraire, cette
« présomption est inadmissible quand il s'agit de décisions judi-
« ciaires, puisqne celles-ci obligent et lient les parties malgré elles ;
« — attendu qu'en jugeant le contraire et en ordonnant, par suite,
« l'exécution de la contrainte décernée contre le demandeur, le
« jugement attaqué du tribunal de la Seine a violé, par fausse ap-
« plication, l'art. 37 de la loi du 22 Frimaire an VII, casse. » (Voir
dans le même sens : Civ. Cass., 9 avril 1861, D, P. 61, 1, 147 ;
21 juin 1865, D. P. 65, 1, 378 ; 21 décembre 1870, D. P. 71, 1, 87.)

Ces décisions sont très importantes, non seulement à cause du
principe qu'elles consacrent, mais aussi à cause de la distinction
qu'elles établissent, au point de vue du recouvrement des droits
d'enregistrement, entre les actes volontaires et les jugements. Elles
ne permettent pas d'appliquer, suivant la prétention de l'Administration, l'art. 58 de la loi de 1816, à l'enregistrement des décisions
judiciaires rendues dans les colonies lorsqu'elles sont déférées à
la Cour de Cassation. Par qui, en effet, devraient être acquittés
les droits complémentaires d'enregistrement imposés à ces décisions, sous prétexte qu'on en ferait usage devant la justice métropolitaine ? Ces droits seraient payés par le demandeur en cassation,
c'est-à-dire non pas par celui qui profite de la décision rendue et
qui doit en faire l'avance aux termes de la jurisprudence, mais par
celle des parties qui a été condamnée et contre laquelle la Cour de
Cassation refuse à la Régie l'action en recouvrement des droits.
La règle posée par la jurisprudence est donc manifestement violée
par la prétention de la Régie de faire acquitter les droits par le
demandeur en cassation qui a perdu son procès devant la justice
coloniale.

Cette conséquence de la thèse de l'Administration est d'autant
moins admissible que le plaideur à qui profite le jugement est tenu
à une simple avance en acquittant les droits d'enregistrement du

jugement, lorsque la décision est rendue par un tribunal français ;
il a ensuite un recours pour se faire rembourser par la partie qui
perd définitivement son procès. Aux colonies, ce recours serait
toujours illusoire et ne pourrait pas être exercé par le demandeur
en cassation qui obtiendrait gain de cause devant la Cour suprême
ou devant le Tribunal de renvoi. Il serait mal fondé à réclamer le
remboursement des droits à la partie perdante, et celle-ci lui répon-
drait que ce n'est pas elle qui a fait usage de la décision judiciaire
en France et qu'en conséquence elle n'a rien à payer au-delà des
droits perçus sur un jugement rendu dans la colonie et annulé par
un arrêt de cassation.

La thèse de la Régie conduit donc à ce résultat, manifestement inadmissible, que celui qui gagne son procès devant la Cour
de Cassation comme demandeur et devant le Tribunal de renvoi,
est obligé d'acquitter des droits d'enregistrement afférents au jugement annulé sans recours possible contre le perdant.

Nous croyons même qu'on doit assimiler, au point de vue de
l'acquittement des droits d'enregistrement, les décisions judiciaires lorsqu'elles sont déférées à la Cour de Cassation, à celles qui
ont été rendues par défaut ou contre lesquelles un appel a été
formé (Voir Garnier, v° Actes judiciaires, n° 41-1) Il n'est nulle-
ment certain que la décision soit maintenue ; comment, dès
lors, mettre à la charge du demandeur en cassation des droits
qui, peut-être, ne doivent pas être supportés par lui ? M. l'avocat-
général Blanche, dans les conclusions sur lesquelles a été rendu
l'arrêt de cassation du 21 juin 1865, que nous venons de citer, a
réfuté les prétentions de l'Administration, consacrées par une décision du Ministre de la Justice, en date du 17 vendémiaire an XIII,
invoquée dans le mémoire ministériel, au sujet de l'enregistrement
des jugements par défaut : « Les jugements par défaut, a dit
« M. Blanche, dont les conclusions sont rapportées dans le Réper-
« toire de Garnier (loc. cit.), tout le temps que l'opposition est
« recevable, sont réputés inconnus du condamné.... Comment
« la Régie voudrait-elle l'obliger à avancer les droits d'un acte qu'il
« ignore et lui faire grief de son silence ? Il en est de même de

« l'appel, puisque, jusqu'à la décision à intervenir, la sentence
« attaquée est comme non avenue à l'égard du condamné. »

Enfin, la prétention de la Régie de soumettre à un nouvel
enregistrement les décisions rendues par les tribunaux coloniaux,
lorsqu'elles sont déférées à la Cour de Cassation, déterminerait des
inégalités choquantes entre les justiciables dans les colonies. Il
existe, en effet, dans la plupart de ces pays, des recours en annulation, analogues aux pourvois en cassation, contre les sentences
des juges de paix et des tribunaux de première instance.

Ces recours en annulation sont portés, dans certains cas,
devant la Cour d'appel de la colonie. La législation particulière à
certaines de nos possessions d'outre-mer a pour effet d'enlever à la
Cour de Cassation des recours dont seule, dans la métropole, elle a
le droit de connaître et de les transporter à la Cour d'appel coloniale.
Ainsi aux Iles de la Société, un décret du 27 février 1892 a décidé
que les pourvois en cassation contre les jugements de la Haute
Cour tahitienne seront portés devant le Tribunal supérieur de Pa-
peete. En matière d'expropriation pour cause d'utilité publique, les
décisions rendues aux colonies échappent à la compétence de la
Cour de Cassation. Ce ne sont là que des exemples de la diversité
des modes de recours en cassation qui varient suivant les colonies
et les litiges. Il en résulte qu'en appliquant le système de la Régie,
on soumet aux droits d'enregistrement de la métropole les décisions judiciaires rendues dans une colonie dont la législation per-
mettra le pourvoi en cassation dans une instance déterminée. Mais
la voie du recours en cassation n'étant pas ouverte en pareille matière dans une autre colonie, ou, dans la même colonie, la faculté
de se pourvoir devant la Cour suprême n'étant pas donnée dans
une matière différente et le recours en annulation devant être porté
devant une juridiction dont le siège est dans la colonie, la décision
attaquée ne sera assujettie à aucun droit d'enregistrement complémentaire, parce qu'elle sera déférée à un Tribunal faisant fonction
de Cour de cassation.

De telles inégalités sont inadmissibles entre des justiciables
qui, habitant le territoire français, doivent être tous traités de la

même manière dans l'exercice de leurs droits. Elles sont la condamnation du système que l'Administration de l'Enregistrement voudrait faire prévaloir pour l'application de l'art. 58 de la loi du 28 avril 1816.

III

Nous croyons avoir démontré que la prétention de la Régie n'est pas fondée en droit, mais y eût-il un doute, nous croyons qu'il devrait suffire pour faire admettre la solution la plus libérale, qui est la seule conforme à l'esprit de la législation fiscale en vigueur en Algérie et aux colonies. Au-dessus de l'interprétation juridique, il y a une considération dominante, qui est l'intérêt des justiciables et de la bonne administration de la justice sur toute l'étendue du territoire français, dont l'Algérie et les colonies font partie intégrante au même titre que la métropole.

Pourquoi les frais d'enregistrement sont-ils moins élevés sur .es actes passés en Algérie et aux colonies que ceux acquittés en France sur les mêmes actes ? Pourquoi même dans quelques colonies, comme Saint-Pierre et Miquelon, l'enregistrement n'a-t-il pas été établi ? La réponse n'est pas douteuse : Le législateur a accordé certaines immunités fiscales dans les colonies afin de favoriser leur développement, et pour mettre la justice à la portée des justiciables souvent peu fortunés qui y résident. Les colonies, qui sont des pays neufs pour la plupart, sont hors d'état de supporter les lourds impôts qui pèsent sur les contribuables de la métropole. Le législateur l'a compris et a diminué pour les colons le fardeau des droits d'enregistrement. La prétention de la Régie méconnaît cette volonté libérale, en assujettissant les plaideurs des colonies à l'acquittement des mêmes droits que ceux de la métropole lors-

qu'ils défèrent à la Cour de Cassation les sentences rendues par les tribunaux coloniaux. Elle supprime la justice à bon marché que le législateur a voulu établir dans les colonies.

Cependant, la loi du 28 avril 1816 qui, nous en sommes persuadé, vise seulement les conventions passées aux colonies en parlant des actes souscrits dans ces pays, n'a pu vouloir paralyser presque complètement l'exercice du droit de recours contre les décisions algériennes ou coloniales en les assimilant, au point de vue de l'enregistrement, aux décisions rendues par les tribunaux de la métropole. Cette entrave serait de telle nature que le pourvoi en cassation contre les jugements coloniaux deviendrait presque impossible, lorsqu'il faudrait acquitter, au moment de la production devant la Cour suprême, un droit proportionnel qui pourrait s'élever, dans certains cas, jusqu'à un chiffre de plus de cent mille francs. Cette atteinte, portée indirectement à l'exercice du droit de recours par l'application toute nouvelle qu'on voudrait faire de l'article 58 de la loi de 1816, serait d'autant plus contraire aux intentions actuelles du législateur que les colonies ont été investies successivement, et quelques-unes par des décrets récents, du droit de porter leurs litiges devant la Cour suprême. Sans entrer dans le détail trop long des décrets qui ont étendu aux diverses colonies françaises la faculté de se pourvoir en cassation, nous mentionnerons le décret du 9 mai 1878, relatif aux établissements de l'Inde, et ouvrant le recours en cassation contre les décisions de la Cour d'appel et du Tribunal de première instance en matière civile. Les jugements des Tribunaux de simple police peuvent être l'objet d'un pourvoi en annulation, lequel est porté devant la Cour de Pondichéry dans les conditions d'un pourvoi en cassation (Dalloz, Suppl. au Rép. alph , v° Cassation, n° 2). Deux décrets, l'un des 27 mars-3 juin 1879 et l'autre des 25 juin-3 septembre de la même année, ont reproduit des dispositions semblables pour la Nouvelle-Calédonie et la Cochinchine. Enfin, un autre décret des 20 août-13 octobre 1879 a permis le recours en cassation formé dans l'intérêt de la loi aux établissements français de la Côte d'Or et du Gabon. Ces exemples suffisent à permettre de constater que les tendances de la législation coloniale sont favorables à l exercice du pourvoi en cassation contre la plupart des décisions rendues par les tribunaux des colonies. Ce serait aller à l'encontre de ces tendances que de rendre aux justiciables l'accès de la Cour suprême, trop difficile, pour ne pas dire impossible, par l'application de droits auxquels ils avaient de justes raisons de croire qu'ils ne devaient pas être soumis.

Les exigences d'une bonne administration de la justice se confondent, en cette matière, avec l'intérêt des justiciables. Il est permis, en effet, sans manquer 'de respect aux tribunaux coloniaux, d'affirmer que leur composition et leur mode de recrutement ne présentent pas les mêmes garanties que celles assurées par les tribunaux de la métropole. Par suite, il importe de rendre encore plus faciles aux colonies qu'en France les conditions de l'exercice du pourvoi en cassation contre des décisions dans lesquelles on relève plus souvent des contraventions à la loi.

Ce sont là autant de motifs très sérieux qui justifient la thèse que nous soutenons, et qui a été appliquée pendant près de quatrevingts ans sans soulever aucune réclamation de la part de la Régie, en faveur des privilèges particuliers dont les justiciables de l'Algérie et des colonies jouissent au point de vue des droits d'enregistrement, lorsqu'ils portent leurs litiges devant la Cour de Cassation.

M. le Ministre des finances déclare, dans son mémoire, que son administration, tout en reconnaissant l'intérêt qu'il y aurait à ne pas entraver l'exercice du droit de recours contre les décisions algériennes et coloniales, ne saurait admettre cependant une dispense d'impôt en faveur d'une certaine catégorie d'actes, à l'égard desquels les textes de loi ne font place à aucune exception.

Nous avons discuté ces textes de loi dans la première partie de ce rapport; nous croyons avoir démontré qu'ils résistent à l'interprétation de la Régie aussi bien par leurs termes que par leur esprit. Nous avons rappelé les tendances libérales de la législation coloniale sur l'exercice du pourvoi en Cassation ouvert aux justiciables dans un intérêt d'ordre public.

Ces considérations sur le caractère particulier de la procédure devant la Cour suprême et sur la nature de ses décisions nous paraissent mériter d'être pesées par l'Administration et nous conservons l'espoir qu'elles la détermineront à abandonner sa prétention nouvelle sur l'enregistrement des décisions judiciaires rendues en Algérie et dans les colonies et déférées à la Cour de Cassation.

Ernest PASSEZ,

Avocat au Conseil d'Etat et à la Cour de Cassation.